AF229412

Dépôt légal – Préfecture d'Alger – N°

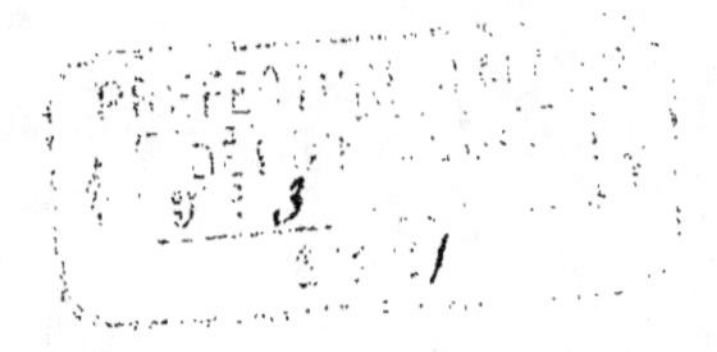

Lemoine.

ttre aux Électeurs
Marengo.
1881

LETTRE

AUX ÉLECTEURS

DE MARENGO

Propriétaire d'un moulin situé en amont, sur le canal d'irrigation de Marengo, et de nombreuses propriétés irrigables, M. de Malglaive a toujours eu le plus grand intérêt à avoir sous la main le président de la commission chargée du service de la distribution des eaux de ce canal.

Par son influence et celle de la clientèle de l'hôpital, depuis plusieurs années, M. Néron père, son mandataire dévoué, se succédait à lui-même dans la présidence de cette commission. Les privilégiés excepté, tous les usagers se plaignaient du fonctionnement arbitraire de ce service. Cela dura longtemps, mais tant va la cruche à l'eau qu'à la fin..... A la réunion annuelle les usagers, rompant avec la tradition, ne réélurent point M. Néron père membre de la commission. Depuis 10 ans que je réhabite Marengo, quoique me répandant peu dans la société, et ne paraissant pas m'occuper ostensiblement des affaires communales, le parti, que j'appellerai financico-clérical, a toujours flairé en moi un adversaire sérieux, avec lequel il pourrait avoir à compter ; il avait donc fait tous ses efforts pour écarter ma candidature, et cependant, sans que j'y aie rien mis du mien, je fus élu ; M. Néron, mandataire de M. de Malglaive restant sur le carreau.

Cette double défaite fut d'autant plus sensible au parti qu'elle était plus inattendue. C'était aussi le premier échec que la réaction ait jamais subi. Sans doute, l'intérêt entrait pour une grande part dans l'émotion causée par cet évènement. Mais le *prestige* !!... et quoi ! désormais, le blason, l'écu, le goupillon, même réunis, devront donc s'incliner devant la pioche, l'atelier, le comptoir !! malédiction ! horreur ! horreur !! Dieu sauvez Rome, la France et nos intrigues et nos roueries, au nom du sacré-cœur !

Mais la gent financico-cléricale se connait la vie dure, et se promit bien de trouver dans son sac à ruses, le moyen de rétablir ses affaires *ad majorem dei gloriam*.

Quelques jours après son installation, la commission des Eaux se trouvant au complet à la Mairie, M. Carteil, président, en remplacement de M. Néron, en prit occasion pour parler d'une délibération du conseil municipal, à une date déjà ancienne. Constatant l'engagement de M. de Malglaive, d'exécuter sur le boulevard un siphon en maçonnerie et des travaux de terrassement et de nivellement.

M. le Maire répondit que M. Carteil était dans l'erreur, que lui, M. Beauvais, n'en avait jamais eu connaissance, que bien certainement M. Carteil se trompait ; mais celui-ci, insistant et réinsistant, assura qu'il devait y avoir eu plusieurs délibérations à ce sujet ; enfin, poussé à bout, de guerre lasse, et comme pour complaire à M. Carteil, M. le Maire se leva, chercha aux régistres des délibérations, à la date indiquée, et y trouva, inscrite tout au long, la délibération dont il avait si opiniâtrement nié l'existence !

Après en avoir donné lecture à haute voix, sans toutefois indiquer le nom des signataires, les bras paraissant lui tomber, il affirma et réaffirma n'en avoir jamais eu connaissance. Cependant, quelques jours après, s'étant procuré une copie de cette satanée délibération, la commission put voir, de ses propres yeux, le nom de M. Beauvais étinceler, lui, 4°, sur la liste des signataires.....

Extrait du registre des délibérations du conseil municipal, le 29 mai 1866, à midi.

Présents au conseil :

MM.   Legénissel, maire, conseiller civil,
       Touprie, adjoint,
       Arnaud, conseiller,
       BEAUVAIS,
       Garny,
       Raymond,
       Sauveton,

MM. Zanetti,
Mohamed-el-djadi.

Il est donné connaissance au conseil d'une lettre en date du 11 avril dernier, par laquelle M Néron, mandataire de M. de Malglaive, demande au nom de ce dernier un sursis d'une année pour l'exécution du siphon et pour le déblai et le terrassement d'une partie des boulevard,

Cette demande est basée sur les pertes qu'il a éprouvées à la suite des événements survenus (incendie et invasion des sauterelles).

Le conseil accorde, à l'unanimité, le sursis demandé, qui expirera le 1er avril 1867.

Les travaux dont il s'agissait étaient, sous plusieurs rapports, de la plus grande importance ; sur une longueur de 140 métres, un cloaque coupe-gorge devait être remplacé par un boulevard complanté d'arbres, et un siphon en maconnerie devait être exécuté sur une partie de la conduite d'eau d'irrigation. Ces travaux avaient un caractère d'urgence au triple point de vue de la salubrité, de la sécurité et du service des eaux. Ils nécessitaient une exécution immédiate.

Sur toute la ligne des anciens remparts, les propriétaires étaient rigoureusement tenus à l'exécution de travaux du même genre qui, tous, durent être effectués à l'époque indiquée ; M. de Malglaive, seul entre tous, a pu échapper à l'exécution de cet engagement.

Sans doute, on peut être étonné que pendant 13 ans cette délibération soit restée inexécutée, comme tombée dans l'oubli, que pendant un aussi long laps de temps, les fonctionnaires qui se sont succédés à la tête de l'administration municipale, n'aient pas, comme c'était leur devoir, contraint M. de Malglaive à exécuter ces travaux.

Mais l'étonnement cesse, si l'on apprend que peu après la date du sursis accordé, M. Legénissel était remplacé au commissariat civil par M. de Montagu, brave homme, aux idées, aux entreprises hasardées, qui, toujours besoigneux, trouvant au besoin des ressources à la caisse de prêt et d'escompte de M. de Malglaive, avait *intérêt* à le ménager.

En 1870, Marengo ayant été érigé en commune de plein exercice, un maire fut nommé par le préfet, pour remplacer le commissaire civil ; mais il se trouva que le maire, quoique clérical, n'était pas aussi financico que l'auraient désiré les grands meneurs ; les agents du parti lui firent des misères, et après quelques mois à peine d'exercice de ses fonctions, il donna sa démission ; le but était atteint.

M. Beauvais, boulanger et marchand de comestibles, débiteur hypothécaire de M. de Malglaive, et complètement à sa discrétion, fut, on ne sait par quelle influence, nommé maire et suppléant du juge de paix, par surcroit.

Après ces explications, on comprend que M. de Malglaive, assuré de la connivence des chefs de l'administration municipale, a pu, tout à son aise, pendant 13 ans, faire valoir à sa caisse de prêt et d'escompte, l'argent que l'honneur et le respect de lui-même lui commandaient d'employer à l'exécution des travaux qui lui incombaient par son engagement.

Mais voici: le taux de la banque philanthropique de M. Malglaive était de douze pour cent par an (12 0/0), les intérêts étant payés par trimestre et d'avance. Si nous supposons qu'approximativement l'exécution de ces travaux maçonnerie et terrassement, devait coûter à M. Malglaivo une somme de mille francs, cette somme, depuis 13 ans (1867), a produit à sa caisse, par la capitalisation des intérêts, chaque trimestre, 4,517.80; et cependant son argent est encore et toujours prêt. On le voit, c'était une affaire magnifique, peu honorable sans doute, mais 4, 517, 80 d'empochés....

A la grande satisfaction de M. de Malglaive tout allait donc sans encombre et il pouvait espérer d'arriver tout doucement à la désuétude, à la prescription, si possible, mais, l'avide propose et l'électeur dispose; la non réélection de M. Néron à la présidence avait frappé le parti dans son prestige, la découverte de la délibération frappait M. de Malglaive dans son honneur et le menaçait dans ses intérêts on pouvait le contraindre à exécuter ses travaux, à remplir ses engagements.

Pour arrêter un mouvement d'opinion qui pouvait être si préjudiciable, les fortes têtes décidèrent qu'aux prochaines élections tous les moyens seraient employés pour empêcher la réélection de *certains membres* de la commission, et surtout cette infâme Lemoine, sans doute cause de tout le mal. Il fut arrêté qu'on convoquerait le ban et l'arrière-ban des clients et des adhérents à tous les degrés, que tout serait fait pour empêcher qu'aucune discussion puisse se produire et qu'enfin tous voteraient, comme un seul homme, la liste financico-cléricale, soit M. Néron, en tête, quelques purs et des nullités.

Une assemblée des usagers ayant été indiquée pour recevoir les comptes de la commission en fin d'exercice, et procéder à l'élection des membres de la commission pour l'année courante, je me proposais d'y demander à M. Néron des explications sur certain emploi des fonds de la caisse de la commission des eaux sous sa présidence.

Les années précédentes les usagers ne montraient aucun

empressement à se rendre aux réunions à l'heure indiquée, ils étaient ordinairement peu nombreux. En arrivant, je remarquai que la salle était pleine; tous les zélateurs de M. de Malglaive et de l'hopital étaient à leur poste; M. Néron était très entouré, toutes ces dispositions présageaient une tempête.

La séance ayant été ouverte, on pu remarquer une heureuse innovation.

Dans les réunions qui avaient eu lieu jusqu'alors on procédait tout simplement à l'élection des membres qui devaient composer la commission nouvelle, et les comptes de recettes et de dépenses passaient des mains de l'ancienne dans celles de la nouvelle commission, sans qu'il ait jamais été rendu compte aux usagers, de l'emploi qui avait été fait des fonds qui leur avaient été demandés.

Cette année, sous la présidence de M. Cartéil, la comptabilité fut déposée sur le bureau; un usager en lut à haute voix toutes les pièces, toutes les dépenses furent approuvées, une seule, se rapportant à la réparation de la conduite en maçonnerie, fut trouvée d'un prix trop élevé, M. Cartéil, président, voulut faire observer aux usagers que si, comme il s'y était engagé, M. de Malglaive avait fait exécuter, en 1866, les travaux à sa charge, la conduite, alors, aurait été réparée, et le service des eaux n'aurait pas eu à dépenser des sommes considérables pour les réparations.

Mais à peine le président avait-il prononcé que, pressentant que la question du siphon allait surgir, M. Néron, mandataire de M. de Malglaive, se leva, et coupant la parole au président, avec son air bonhomme, proposa d'accepter tels *quels* les comptes de la commission et de procéder de suite à l'élection des membres de la nouvelle commission. Je me levai alors et déclarai que moi, membre de le commission, je n'acceptais pas le bill d'indemnité proposé; que la commission avait accompli son devoir, tout son devoir.

Lorsque je m'étais levé, des murmures partirent du groupe entourant M. Néron, mais lorsque l'on me vit décidé à continuer la discussion, M. Néron père m'interrompit systhématiquement :« Vous nous embêtez, vous radotez, vous nous faites perdre notre temps, vous dites des bêtises; avez vous fini? » malgré le groupe de serviteurs de M. de Malglaive, qui environnait son mandataire, je voulus continuer; mais le désordre était arrivé à son comble, toute l'assemblée était debout; outré de me voir ainsi traité; je leur jetai ces mots: « voulez-vous savoir pourquoi le siphon n'a pas été exécuté? C'est parce que le maire est le débiteur de M. de Malglaive pour tout ce qu'il possède. Aussitôt; sans doute voulant profiter de mon émotion, pour me faire dire quelque chose de compromettant, plusieurs voix hurlèrent: répétez, répétez! mais, j'avais recouvré mon calme, et leur dit: je vais vous dire autrement la même chose. C'est parce que M. de Malglaive est créancier hypothécaire de M. le maire Beauvais pour tout ce qu'il possède.

Je fus alors l'objet des plus grossières injures: « Vous n'êtes qu'un homme de rien, jetant le trouble partout (et le bout de l'oreille passant) *vous êtes indigne d'être quoique ce soit, vous devriez être réjeté* de toutes les assemblées comme indigne; le chef d'un service de M. de Malglaive qui me traitait ainsi exécutait bien sa consigne; il s'était bien pénétré des intentions du programme du parti, que, sur la place publique, me précédant de quelques pas, toujours m'insultant, furieux, il se retourna, fit un pas vers moi menaçant, et je dus me reculer pour n'être pas bousculé! Et ce qui prouve que les cerveaux de tous ces gens avaient été surexcités, c'est que celui qui s'est porté envers moi à de telles extrémités, est un homme qui m'a toujours paru d'un caractère doux, obligeant même, avec qui je n'ai eu que de bonnes relations, et il y a quelques jours, de sa voiture, il m'a envoyé un salut que j'ai regretté de ne pouvoir lui rendre sans manquer à ma dignité.

Toute cette infamie avait évidemment été préparée à l'avance pour que l'on ne puisse faire connaître aux usagers l'histoire de la découverte de la délibération que la plupart ignoraient, et aussi pour empêcher de demander publiquement à M. Néron, mandataire de M. de Malglaive, quelques explications sur l'emploi des fonds du service des eaux sous sa présidence, car une fois en haleine peut-être, aurai-je indiqué, fait toucher du doigt à mes auditeurs, la cause originelle des actes scandaleux, des manœuvres honteuses, dont ils sont chaque jour les témoins et les victimes, et qui pour la population, ne peut avoir d'autres résultats que la ruine des intérêts, la perversion du sens moral et l'affaiblissement des notions du juste et de l'injuste.

Mais, revenons au service des eaux.

Après la débandade de l'assemblée, M. Carteil, président, eut dû indiquer un jour très-prochain où, toujours sous sa présidence (car ses fonctions ne devaient cesser que par la nomination de la Commission nouvelle, qui seule avait pouvoir de recevoir les comptes de la Commission jusqu'alors en exercice), on aurait repris les choses au point où elles étaient restées le dimanche précédent, c'est-à-dire, régler définitivement les comptes et procéder à l'élection des membres de la nouvelle Commission.

Mais alors, malgré toutes les peines qu'il s'était donné, pour le financier clérical, tout était à recommencer, et on se trouverait encore en face de ce satané père Lemoine qui, avec ses billevesées d'honneur, de probité, d'exécution des engagements, viendrait encore et toujours se mettre eu travers de ses plus magnifiques combinaisons..... un coup d'état fut résolu, et ne se souciant pas plus des usagers et du règlement, que d'une Constitution, et de la Commission encore en exercice, que d'une Assemblée nationale, M. le maire Beauvais, n'ayant aucun droit de s'immiscer dans l'élection des membres de la Commission des Eaux, indiqua à huitaine une réunion des usagers sous sa présidence, ce qui donna aux amis et féaux le temps de tripoter et de créer des usagers de fantaisie (toujours la rouerie).

Le Maire qui ne s'était pas occupé le moins du monde, des scènes scandaleuses, violentes, qui s'étaient produites à la précédente réunion, sans qu'il ait sévi contre leurs auteurs, devait, cette fois, faire expulser inexorablement tout usager qui oserait risquer une observation qui ne serait pas du goût du parti.

Toutes les mesures paraissaient donc prises pour assurer le succès, et déjà les vaillants s'essayaient à nombrer les verres d'absinthe qui seraient absorbés pour célébrer la victoire ; l'enthousiasme règnait sur toute la ligne, mais M. de Malglaive, ancien capitaine d'état-major, ayant fait de fortes études stratégiques, ne partageait pas cet enthousiasme ; lui aussi, semblait voir des points noirs ; il se rappelait que l'année précédente, à la même époque, sur le même champ de bataille, avec les mêmes troupes, guidées par des chefs aux ruses les plus savantes, aux intrigues les mieux ourdies, aux manœuvres les plus audacieuses, ils avaient dû s'incliner devant le vainqueur, et cette fois l'affaire allait se compliquer d'un Lemoine maudit, qui venait d'entrer en ligne ! M. de Malglaive en était à se demander s'il était à la veille d'un Austerlitz ou d'un Waterloo !

Dans cette situation suprême, s'inspirant de ce vers héroïque :

C'est dans les grands dangers, qu'on voit les grands courages.

M. de Malglaive — ancien capitaine d'état-major, ancien président du Conseil général, chevalier de la Légion d'honneur — estima qu'il devait à sa dignité, qu'il se devait à lui-même, de se départir des habitudes de modestie ou d'extrême prudence qui l'avaient toujours tenu derrière le rideau, et entrant en scène, il voulut payer non pas de sa personne, mais de sa plume, en écrivant et faisant imprimer, sur papier de luxe, une circulaire aux usagers qui devait produire le plus grand effet, et dans laquelle certains membres de la

Commission, que M. de Malglaive, on ne sait pour quels motifs, n'a pas jugé convenable de désigner nominativement, sont assez malmenés; mais au dernier alinéa, il accable le Lemoine exécré, de ses coups de poings de la fin, et le désigne nominativement à la vindicte publique.

Cette circulaire donc, imprimée sur si beau papier, et revêtue de la signature de M. de Malglaive, devait, en raison de la grande considération qui s'attache à la haute personnalité de son signataire, assurer le succès d'une aussi belle et bonne cause. Mais on l'a dit :

Chassez le naturel, il revient au galop.

M. de Malglaive avait commis cette circulaire sous l'influence d'une courageuse audace, puis le feu sacré s'éteignit, M. de Malglaive redevint lui-même, et cette circulaire, imprimée en gros caractères sur papier de luxe, revêtue de sa signature, dans la nuit qui précéda les élections, il la fit glisser sous les portes des usagers comme une œuvre malsaine.

Au jour indiqué pour les élections, je me proposais de me rendre à la réunion pour protester contre l'irrégularité de la convocation, et surtout pour demander à M. Néron quelques explications sur l'emploi des fonds du service des Eaux sous sa présidence, mais après réflexion, j'avais failli être battu à la dernière réunion, j'avais chance d'être écharpé à celle-ci, je crus prudent de m'abstenir.

De cette orgie d'arbitraire on connaît le résultat. Malgré l'emploi de tant de manœuvres honteuses; malgré l'effet immense que devait produire la circulaire, M. Néron, mandataire de M. de Malglaive et son plus vaillant champion, n'a pu, encore cette fois, décrocher la timbale de la présidence.

Cette défaite est encore un croc-en-jambe au prestige, mais les intérêts de l'argent prêt à dépenser pour le siphon, continuant de faire la boule de neige, constituaient pour M. de Malglaive une fiche de consolation, il se résigna :

La résignation, du juste est le refuge.

Passons maintenant à l'examen de la fameuse circulaire signée par M. de Malglaive.

Les neuf premiers alinéas, véritable chef-d'œuvre de galimatias étranger à l'affaire, cancans de portières, ne sont mis là que pour égarer la conscience et le vote des usagers.

Le dixième alinéa est ainsi conçu :

« Quant à moi, je n'ai encore qu'à citer les faits qui prouveront que certains membres de la Commission ont agi avec la plus grande légèreté, en accusant qui que ce soit, et que s'ils avaient pris la peine d'aller aux renseignements, ils se seraient évités l'ennui de recevoir un démenti. »

A cette impudente assertion, la Commission et chacun de ses membres, ont le droit de répondre à M. de Malglaive :

Pour vous disculper dans cette affaire où votre cupidité insatiable vous a engagé, et donner le change à l'opinion publique, vous avez osé écrire cet alinéa, sachant parfaitement que c'est *seulement* à la suite des investigations de la Commission, à ses démarches, qu'est due la découverte de la délibération, et que c'est seulement à la suite de cette découverte que le Conseil municipal aurait invité le Maire à vous tirer les oreilles pour vous rappeler votre engagement.

Vous mentiez donc effrontément quand vous écriviez que la Commission n'avait pas été aux renseignements, et vous donniez à la Commission et à chacun de ses membres le droit de ramasser votre démenti et de vous le rejeter à la face.

M. le Maire fit, paraît-il, demander respectueusement, sans doute, à M. de Malglaive pourquoi il n'avait pas encore fait les travaux auxquels il s'était engagé?

Voyant que l'Administration municipale prenait si gentiment la chose, connaissant son insouciance et son incapacité en ce qui concerne les intérêts de la commune. M. de Malglaive crut voir qu'il y avait encore pour lui de beaux jours. A la communication écrite du Maire, il répondit aussi par lettre, qu'il était prêt à entreprendre les travaux. Mais (il y a un *mais* énorme), il proposa une combinaison échappatoire, intéressant au plus haut point les usagers de la commune, puisque « il s'agirait de rien moins que de prendre la moitié du volume d'eau d'irrigation dont ils jouissent actuellement, pour irriguer les propriétés que M. de Malglaive possède sur la rive gauche, c'est-à-dire de l'autre côté de l'oued Meurad ! Cette combinaison à la de Malglaive, aurait pour Marengo, les proportions d'un malheur public. Adieu jardinages et plantations d'arbres fruitiers, qui alimentent, assainissent et ornent le village ; elle aurait d'ailleurs beaucoup d'autres inconvénients, coûterait beaucoup d'argent, et ne serait, par conséquent, mise de longtemps sur le tapis, si jamais elle y était mise. Au pis-aller, M. de Malglaive pourra voir encore longtemps fructifier à sa caisse l'argent que depuis 13 ans il est toujours prêt à dépenser.

Tout naturellement, et selon l'habitude, ni le Maire, ni le Conseil, ainsi que l'avait prévu M. de Malglaive. ne se sont occupés de la question d'exécution de ces travaux, question intéressante pour le service d'irrigation et aussi pour la sûreté et la salubrité du quartier, puisqu'il s'agit de combler un cloaque de cent-quarante mètres de longueur, confinant à l'hôpital et d'y substituer un boulevard.

Ç'eut aussi été le cas de tirer au clair la fameuse combinaison Malglaive, de détourner la moitié du volume d'eau à son profit ; et tout naturellement aussi M. de Malglaive jubile de n'avoir pas reçu réponse, et il en témoigne sa satisfaction dans son treizième alinéa : « Il est probable, dit-il, que mon idée a été goûtée par le Conseil, puisqu'il ne m'a pas mis en demeure de faire le siphon ». Selon le proverbe : « Qui ne dit rien consent », M. de Malglaive voit déjà la moitié de l'eau d'irrigation dans ses propriétés de la rive gauche de l'oued Meurad...

Puis, dans son quatorzième alinéa, il dit joyeusement à son usager : « Vous voyez donc, monsieur, par le simple exposé des faits, que le Conseil a fait son devoir, le Maire le sien, et moi aussi le mien, j'espère, en indiquant une façon plus utile d'employer l'argent *que je me déclare toujours prêt à dépenser* ».

Et dans la joie de son succès (en herbe), en présence de tant de devoirs accomplis, si Marengo possédait le moindre Capitole, il y monterait bras-dessus bras-dessous avec son usager, pour rendre grâces aux dieux.

Et cependant, M. de Malglaive, après avoir pendant 13 ans réalisé, par des agissements que les lois pénales n'atteignent pas, mais que la morale et tous les honnêtes gens réprouvent, M. de Malglaive a osé, dans sa circulaire, appeler le mépris sur d'honnêtes citoyens qui, remplissant leur devoir, ont découvert une source impure d'où il tirait des profits honteux ; il leur a jeté un démenti injurieux, et, enfin, exaltant les fonctionnaires qui, par leur connivence ou leur insouciance coupable des intérêts auxquels ils avaient charge de veiller, il pousse l'impudence jusqu'à se poser avec eux comme des accomplisseurs de devoirs de premier ordre !......

Oh ! M. de Malglaive, c'est trop insulter à la morale publique?

Passons maintenant à l'examen du quinzième et dernier alinéa, qui est ainsi conçu :

« L'accusation de M. Lemoine tombe donc d'elle-même, et je suis en droit de répéter qu'il est fâcheux, dans une commune où tous devraient concourir au même but : l'amélioration du pays, que les bonnes volontées soient souvent paralysées par des attaques semblables à celles dont je viens de faire justice. »

Pour examiner cet alinéa, je le décompose comme ceci :

« 1° L'accusation de M. Lemoine tombe donc d'elle-même.

« 2° Et je suis en droit de répéter qu'il est fâcheux que les bonnes volontés soient souvent paralysées par des attaques semblables à celles dont je viens de faire justice.

« 3° Dans une colonie où tous devraient s'entr'aider et où tous les efforts devraient concourir au même but : l'amélioration du pays. »

1° Je défie M. de Malglaive de prouver que, soit avant la réunion, soit à la réunion, je l'aie jamais accusé. D'après son texte, j'aurais dit : « c'est parce que M. de Malglaive est créancier de M. Beauvais » ; c'était seulement l'énonciation d'une pensée ; ce serait une tentative de rouerie, que de vouloir prétendre que c'est là une accusation.

2° Pour ma part, dans la conduite de M. de Malglaive, je ne vois qu'une volonté bien arrêtée, celle de s'enrichir *quand même* ; il la trouve bonne sans doute, et se pose en victime, lorsqu'il rencontre quelque difficulté ; pour lui, ces difficultés sont des attaques. C'est ainsi qu'il se trouve attaqué par la commission qui a découvert sa poule aux œufs d'or.

Ses mameluks, sous les ordres de M. Néron, son mandataire, m'ont injurié, outragé, presque battu ; je ne vois pas d'autres attaques, et je défie M. de Malglaive de m'en citer.

Maintenant que nous avons réglé nos petites questions d'accusation, de *paralysie* et d'*attaques*, arrivons à l'examen de la partie sérieuse de l'alinéa.

M. de Malglaive se croit en droit de répéter qu'il est fâcheux que dans une commune où tous doivent s'entr'aider et où tous les efforts devraient concourir au même but « l'amélioration du pays... » Il serait sans doute étonné si je lui demandais quels sont ses titres à prendre ce ton impérieux, à prétendre régenter ses concitoyens, dont aucun n'est son inférieur ?

Après ce rappel aux convenances, reprenant l'examen de ce dernier alinéa, nous allons voir comment la dynastie de Malglaive s'est acquittée du devoir de *s'entr'aider*, et par quels efforts elle a concouru à l'*amélioration du pays*; il faut, pour cela, se reporter à la création de Marengo.

On sait que le village de Marengo doit son origine aux évènements de 1848. L'Assemblée nationale vota 50 millions pour le transport et l'installation de 12,000 familles parisiennes en Algérie, où elles devaient former de nombreux centres agricoles.

Avant le départ de Paris, on avait promis à chaque famille : une maison d'habitation, des terres en quantité suffisante pour les occuper et les faire vivre, le matériel et l'attelage nécessaires à une exploitation agricole; l'état leur assurait les vivres pendant les trois premières années.

Pour toutes ces familles, l'Algérie devait être la terre promise.

Chaque centre fut placé sous l'autorité et administré militairement.

Sous un climat si différent de celui qu'elles quittaient, transformer en agriculteurs des familles parisiennes, aux habitudes sédentaires, complètement étrangères aux travaux des champs, à la vie du paysan; installer ces familles dans des centres, à de grandes distances, dans un pays sans voies de communication, où, le plus souvent, il fallait débroussailler le sol où le village devait être établi, c'était s'exposer à d'étranges mécomptes.

Réaliser tout cela constituait une tâche immense; pour son accomplissement, la direction de chaque centre eut dû être confiée à un fonctionnaire dévoué, joignant à la science de l'administration, la pratique des hommes et des affaires, et des connaissances agricoles assez étendues pour pouvoir, dans une certaine mesure, suppléer à l'incapacité, à l'inexpérience des nouveaux colons confiés à ses soins, et dont il aurait, moralement, charge de succès et de prospérité.

M. de Malglaive sollicita ou accepta cette difficile mission. Qu'était M. de Malglaive?

Elevé dans une famille, il y reçut une bonne éducation; admis à l'école polytechnique, je crois, actif, piocheur, d'un caractère grave, presque dur; pendant son séjour à l'école, ses sentiments de piété, de dévotion dûrent toujours le tenir un peu à l'écart, de ses camarades qui, plus légers, plus dissipés, lui semblaient dans la voie de perdition.

A sa sortie de l'école, sans doute avec un bon numéro, M. de Malgaive était un garçon fort en thème et bourré de mathématiques, mais de beaucoup plus ignorant des choses de la vie et du milieu social, que l'adolescent le plus vulgaire ignorant même l'existence de l'alphabet.

Il devint officier, mais au régiment était-il dans de meilleures conditions pour s'initier à ce que j'appelle la connaissance de la société, du milieu social de l'homme, avec ses qualités et ses défauts, ses vertus et ses vices? Pas davantage; au régiment la discipline, l'obéissance passive font du soldat un automate, auquel, pour le faire agir, les officiers appliquent la théorie et le règlement, comme le chauffeur applique la vapeur au mécanisme qu'il veut mettre en mouvement. Jamais M. de Malglaive ne s'était occupé d'administration, il était absolument étranger aux choses de l'agriculture; et soit qu'il l'ait sollicité, soit qu'on le lui ait proposé, il fut installé à Marengo comme directeur, avec les pouvoirs les plus étendus sur tout ce qui concernait les hommes et les choses de la colonie.

Or, soit qu'il s'agisse de solliciter une mission soit qu'il s'agisse de l'accepter, le devoir d'un homme d'honneur, surtout s'il fait étalage de sentiments religieux, est d'en bien mesurer l'importance et les difficultés, de se recueillir et d'examiner mûrement s'il possède les qualités, les connaissances nécessaires pour l'accomplissement intégral de cette mission.

Si ayant accepté de bonne foi et par défaut de jugement, il estime, au cours de ses fonctions, que par son incapacité ou son insuffisance, il n'est pas à la hauteur de sa tâche, le devoir de l'homme d'honneur est de se démettre.

Si celui qui a accepté une mission n'en accomplit pas tous les devoirs, il encoure la réprobation des honnêtes gens, et selon les cas, mérite les imprécations et l'exécration de ses victimes !...

M. de Malglaive ayant accepté cette effrayante responsabilité, nous allons le voir à l'œuvre.

Les 200 familles parisiennes appelées à composer la population de Marengo, arrivèrent sur place en pleine saison des pluies qui, cette année, furent de longue durée. A proximité de l'emplacement où devait être construit le village, on avait coupé les broussailles et dressé des tentes de campement. Chacune d'elles devait contenir plusieurs familles et là, hommes, femmes, jeunes garçons, jeunes filles, dûrent vivre dans la plus dégoûtante promiscuité. La cuisson des aliments se faisait en plein air. Cela dura jusqu'à ce que l'on eut construit des baraques divisées en compartiments par des planches mal jointes. On conçoit le désespoir de ces mères de famille, arrivant de Paris, où relativement, elles avaient toutes leurs petites aisances. Cruelle déception !

D'autre part, 15 hectares de terre, en 3 lots, avaient été affectés à chaque famille des villages de Bourkika et d'Ameur-el-Aïn ; cette quantité était déjà insuffisante pour occuper une famille et un attelage. A Marengo, chaque famille ne reçut, en moyenne, que 8 hectares, dont un tiers en broussailles, que, chose déplorable, M. de Malglaive fit diviser en 6 lots, dont plusieurs étaient situés à plus de 4 kilomètres du village.

Il était absolument impossible de vivre avec aussi peu de terre ; mais l'Etat possédait plusieurs centaines d'hectares d'excellentes terres disponibles, attenant au village. Un directeur pénétré du sentiment de son devoir, aurait appelé l'attention de l'autorité supérieure sur l'insuffisance évidente des terres données aux familles confiées à ses soins, et aurait fait tous ses efforts pour que les terres tenant à Marengo soient affectées à augmenter la part de chacun.

M. de Malglaive, lui, vit la chose autrement. Il s'empressa de demander et d'obtenir:

1° *pour lui*, un lot de cent hectares d'excellentes terres sur lequel lot existait une chute d'eau où il a fait construire un moulin à trois tournants, le canal d'irrigation passant au milieu de cette magnifique propriété, longeant la route de Meurad;

2° Pour une demoiselle Hallié, *une de ses compatriotes*, qui n'a jamais mis les pieds en Algérie, et n'était, selon toute apparence, qu'un prête-nom, une ferme de cent-trente à cent-quarante hectares dont mon Malglaive est aujourd'hui propriétaire.

Lorsque sous les auspices de M. de Malglaive, fut créée l'infirmerie de Marengo on trouva moyen d'y affecter de cent à cent trente hectares soit donc pour les 3 litations seulement plus de 330 hectares qui auraient pu êtres distribués aux colons, c'est donc à leur détriment que M. de Malglaive, payé pour veiller et défendre leurs intérêts, a sollicité et obtenu la concession de ces terres à son profit et à celui de ses amis.

Sur ces terres affectées à l'infirmerie fut édifiée une ferme qui fut confiée à la direction des sœurs, elle fut pourvue d'un troupeau considérable de bœufs de travail et d'engrais, de vaches, etc.

Tandis que chaque famille pour tout attelage, reçut un bœuf, pour le matériel, on associa les colons 2 à 2 et chaque paire reçut en commun, une charrette bouvière, une charrue, et une herse; de là la nécessité du travail en commun, système désastreux quoi qu'il se fît sous l'intelligente direction d'un ancien cocher de fiacre de Paris (Robichon), chez qui M. de Malglaive avait découvert les aptitudes d'un moniteur de culture qui s'exerçait la nuit à jeter au vent, du sable en marchant sur la terre labourée, pour dans la journée, enseigner aux colons l'art de l'ensemencement. Cela seul suffirait pour donner une idée de l'intelligence qui présidait à l'administration de M. de Malglaive.

Il convient cependant d'ajouter que, assidu dans son bureau, dès l'origine il s'en remit pour les détails de son administration à des intrigants qui ayant capté sa confiance, assurés de l'impunité, faisaient subir aux colons des avanies de tous genres et lorsque les malheureux poussés à bout, adressaient directement leurs plaintes à M. de Malglaive, prévenu contre eux par les rapports mensongers de ses agents, il recevait mal leurs plaintes et revêtu d'un pouvoir dictatorial, il lui est souvent arrivé d'appliquer à ses administrés civils la prison et la retenue de vivres, comme il eut pu faire aux mauvaises têtes des condamnés aux travaux publics.

A tous ces déboires, toutes ces déceptions, étaient venues s'ajouter la nostalgie, les fièvres paludéennes; autant que le leur permettait leur santé plus ou moins altérée, abandonnés à leur inexpérience, les colons travaillèrent cependant à l'amélioration de leurs propriétés où tout était à créer.

L'Etat, pendant 3 ans, leur fournit des vivres, mais le temps expiré, réduits àleurs seules ressources, avecleur unique bœuf, leur moitié de charrette, de charrue et de herse, et avec aussi peu de terres cultivables, quelles récoltes pouvaient-ils obtenir? La misère vint s'installer au foyer de ceux dont les ressources étaient épuisées et c'était le plus grand nombre, à tout prix il fallait cependant un attelage, mais le moyen? M. de Malglaive avec un désinterressement, qui l'honore, y pourvut en créant son comptoir philanthropique de prêt et d'escompte, où il acceptait des colons concessionnaires, des billets à 90 jours, au taux modeste de douze pour cent, les intérêts retenus d'avance à chaque renouvellement trimestriel.

Quelques colons concessionnaires désirant faire le commerce des comestibles, il mit généreusement sa banque à leur disposition, au même taux insignifiant; les négociants purent ainsi livrer aux colons à crédit, contre des billets qu'ils se faisaient souscrire et que M. de Malglaive recevait en compte courant, tous les billets venant à son comptoir ; il était parfaitement au courant de la situation de chacun, cela se pratiqua ainsi pendant un certain temps, mais en raison du peu de terres à cultiver, quelqu'ait été leur énergie, il était impossible aux colons, non seulement de diminuer le chiffre de leurs dettes, mais même d'en payer les intérêts, leur situation allait sans cesse s'aggravant; la dette arrivée à un certain chiffre, M. de Malglaive ne voulait plus renouveller les billets, en exigeait le payement, dans l'impossibilité où était le débiteur de se libérer, il lui proposait une vente a réméré à trois ans d'échéance et lui remettait une certaine somme, généralement peu considérable ; sachant bien que jamais il ne serait en mesure de la rembourser et c'est ainsi que se posant en providence, avec une mise fonds de quelques mille francs seulement et un compte courant à la banque, profitant de la misère de ses administrés, il a consommé leur ruine à son profit.

C'est de l'histoire cela, M. de Malglaive, et de l'histoire que votre situation actuelle et celle de la population prolétaire attestent, et je me demande comment vous avez le front d'écrire dans votre circulaire que vous avez le droit de répéter qu'il

était fâcheux que dans une commune où tous devraient s'en-
traider et où tous les efforts devraient tendre vers un même
but, l'amélioration du pays, que les bonnes volontés soyent paralysées par des attaques semblables à celle dont vous venez
de faire justice,.

— C'est vraiment trop d'audace.

Sans doute, le pays s'est amélioré depuis la création du village, mais à qui est due cette amélioration, si ce n'est au travail surhumain des colons qui, au prix des plus grandes
fatigues, dans des mesures qui dépassaient leurs forces, acca-
blés par les maladies et la misère, ont défriché et planté des
propriétés où ils espéraient pouvoir vivre et élever leurs
familles.

Voilà la part des colons dans les efforts qui ont été faits pour
l'amélioration du pays.

Voyons maintenant quelle est la vôtre, M. de Malglaive.

Les colons n'avaient pas assez de terres pour pouvoir vivre ;
de grandes étendues étaient disponibles à proximité de Marengo. Elles auraient pu être distribuées aux colons et augmenter
la part de chacun. C'était votre devoir, M. de Malglaive, votre
devoir rigoureux devant Dieu que vous proclamez et devant les
hommes, de solliciter dans ce sens auprès de l'administration
supérieure qui, sans doute, eut fait droit à une demande aussi
légitime. Mais, entraîné par votre passion de s'entr'aider et
d'améliorer le pays, au détriment de vos malheureux administrés, vous avez eu le honteux courage de solliciter et d'obtenir
pour vous des terres qui les auraient aidés à élever leur famille.
Et quand les colons, faute de terres, se sont trouvés dans la
détresse, sachant parfaitement qu'ils ne pouraient jamais vous
rembourser, toujours histoire de s'entr'aider et d'améliorer le
pays, vous avez tendu à ces malheureux une main secourable,
et leur prêtant de l'argent à un taux d'intérêt écrasant, vous les
avez aidés comme la corde aide le pendu, vous avez drainé leurs
sueurs, et lorsqu'épuisés, ils sont tombés, sur leurs ruines vous
vous êtes créé un domaine seigneurial, et les anciens propriétaires se trouvent réduits à l'état de prolétaires, absolument à
votre discrétion.

Pour l'accomplissement de cette œuvre sinistre, selon votre
tactique de ne jamais vous occuper des détails, vous vous êtes
entouré d'agents à la conscience large, dépouillés de tout scru-
pule, dont l'intrigue et la rouerie sont les qualités maîtresses,
sous votre influence et par leur savoir-faire, tous les services
de la commune, conseil municipal, commission des eaux,
commission de surveillance du service de l'hôpital, conseil de
fabrique, présidence de la société de secours mutuels, officiers

de la milice, tous les services furent peuplés de vos créatures ou de nullités de votre choix, en tout et partout l'intrigue et la rouerie règnent en souveraines, et cette souveraineté est votre œuvre. C'est à ce système pratiqué par vos agents à toutes les élections depuis 1870, que la commune de Marengo, dont le budget des recettes est relativement très élevé, par l'incapacité, l'ineptie, l'incurie, le gaspillage de son administration municipale, se trouve, sous tous les rapports, dans un état honteux d'infériorité, comparativement aux communes environnantes.

Connaissant ma situation absolument indépendante, la fermeté de mon caractère, ma probité parfaite, mon amour de la justice, mes quelques connaissances en administration municipale, on comprend que vous ayez fait tous vos efforts pour faire échouer ma candidature aux dernières élections municipales.

Si j'avais été membre du Conseil, j'aurais eu le droit et le devoir, dans l'intérêt de la commune et des citoyens, d'exercer un contrôle sévère sur les actes de l'administration, le vote et l'emploi judicieux des fonds affectés aux différents services ; j'aurais surtout essayé de faire prévaloir le système des adjudications pour tous les travaux ayant une certaine importance, afin de couper court à toute espèce de maquignonnage ; peut-être, ces procédés n'eussent-ils pas été du goût de tous. Cette tâche aurait pu être pénible, mais elle n'aurait pas été au-dessus de mon dévouement. Fais ce que doit, advienne que pourra. Voilà, monsieur de Malglaive, comment moi, Lemoine, j'entends l'accomplissement du devoir.

Vous, monsieur, vous ne l'entendez pas ainsi ; depuis 13 ans vous avez le devoir de faire le siphon, le maire avait le devoir de vous y contraindre ; le conseil municipal avait le devoir d'obliger le maire à suivre cette affaire ; vous avez manqué à vos devoirs vis-à-vis et au préjudice de la commune et du service des eaux. Ce manquement a rapporté quelques mille francs d'intérêts à votre caisse, mais avec un aplomb stupéfiant, vous dites jésuitiquement à votre bon enfant d'usager :

« Vous voyez donc, monsieur, par le simple exposé des faits, que le conseil municipal a fait son devoir, le maire le sien ; et moi aussi le mien, j'espère, en indiquant une façon plus utile d'employer l'argent, que je me déclare toujours prêt à dépenser. »

Et vous avez eu le courage d'écrire cela ! Mais c'est un comble ! Ma plume tremble et ma poitrine est oppressée en copiant cela sur votre circulaire. Eh bien ! le comble et toutes les énormités que j'ai successivement passées en revue, me paraissent dénoter chez vous une perversion du sens moral, l'absence de

3

toutes notions du bien et du mal, du juste et de l'injuste et surtout du droit et du devoir ; ce que vous voulez par-dessus tout et par tous les moyens, c'est la domination et la richesse !

Pour atteindre ce bouble but, des agents à vos gages ne vous suffisent pas, il vous faut encore et surtout des auxillaires. Ainsi, quant à vos sentiments religieux dont vous faites parade, vous ne m'en ferez pas plus croire qu'à votre probité dans l'affaire du siphon. Les sœurs de Marengo, dont vous vous posez en protecteur, sont pour vous, comme toutes les sœurs sont pour les princes de l'église, le haut clergé, les ennemis de la république, et les intrigants, un pavillon de charité et de dévouement, qui inconsciemment couvre et protége les turpitudes de leurs apparents protecteurs. Et si vos agents (je n'écris pas si vous faites, car comme toujours, vous restez caché derrière le rideau), font du zèle en faveur des sœurs institutrices, c'est tout simplement pour que l'influence qui leur reste tourne à votre profit.

A mon égard, vos procédés furent différents ; M. Néron père, votre mandataire, étant resté sur le carreau électoral, et les usagers m'ayant honoré de leurs suffrages, la découverte de la délibération vous ayant atteint coup sur coup, vous firent craindre que je devienne pour vos visées un obstacle ; il fallait aviser; à la réunion des usagers, je fus injurié, outrage, presque battu par des serviteurs à vos gages, votre mandataire en tête, et par une exception qui m'honore, sortant de derrière le rideau et payant de votre personne, vous vîntes à la rescousse avec votre circulaire, me livrant à la vindicte publique et au mépris de mes concitoyens.

Diverses circonstances m'ont empêché de relever plus tôt cette infamie. Je crois aujourd'hui, le moment opportun, et maintenant que j'ai consacré tant de temps à mettre en lumière vos faits et gestes, comme administrateur et comme administré, veuillez me permettre de me présenter et de vous dire mon origine et mon passé.

Issu d'une famille plébéienne, dans laquelle les vertus civiques, morales et familliales étaient traditionnelles, sans autre instruction que 3 mois passés à l'école des frères, je devins mécanicien d'un certain mérite ; mes mœurs, ma tenue, mes goûts, me valurent d'être honoré de l'estime singulière, de l'intimité même d'hommes éminents dans la science, le barreau et l'administration.

En 1848, estimant que la république démocratique, gouvernement de tous, par tous et pour tous, pouvait, devait conduire la France aux plus brillantes destinées, je mis au service de cette cause ce que j'avais d'intelligence, d'activité et de popularité, ce qui me valut la transportation en 1852. Ma femme et mon jeune fils unique vinrent me rejoindre à Blidah où j'étais interné. J'ai habité successivement Blidah, Dalmatie, Blidah, Alger. Partout j'ai su, sans conteste, me concilier l'estime générale. A Alger, que j'ai habité dix ans, j'ai mérité, comme en France, l'estime, l'amitié, et comme en France, l'honneur de l'intimité de personnes les plus honorables, tenant le premier rang dans la science et le commerce.

Simple ouvrier mécanicien, à force de travail et de privations j'avais pu donner à mon fils l'instruction qui m'avait manqué. A 17 ans, il rentrait à l'école des arts et métiers d'Aix, où ses études furent bonnes et sa conduite exemplaire. A sa sortie de l'école, il se mit au service de l'administration du chemin de fer, où par son aménité, son intelligence et l'exact accomplissement de ses devoirs, il avait su se concilier l'amitié de ses camarades et l'estime de ses chefs. Avec toutes ces qualités, et l'amour dont il nous entourait, nous pouvions espérer pour lui et pour nous un bel avenir, lorsque le 30 juin 1869, ce malheureux enfant fut horriblement tué sur sa machine au déraillement d'Hussein-Dey, et je puis écrire sans exagération que sa mort fut un deuil profond pour toutes les personnes qui l'avaient connu et apprécié.

Je ne parle que pour mémoire, de Marengo que j'ai habité 20 mois en 1854-55 et d'où je me suis sauvé pour échapper à votre banque philanthropique et conserver ma concession.

Voilà Monsieur mon passé; oseriez-vous y comparer le vôtre? Voilà le passé de 72 ans que vous avez voulu flétrir et livrer au mépris public; il répond victorieusement aux injures, aux outrages que des gens à vos gages et vous même m'avez prodigués.

Et maintenant si on met en regard nos positions respectives, on vous reconnaît une haute position sociale, un nom ronflant, un titre de noblesse peut-être.

Je ne sais quel grade dans l'armée, chevalier de la Légion d'honneur, ancien président du conseil général, possesseur de domaines princiers.

Moi, chétif, simple mécanicien, fabricant de tarrares, à peine propriétaire de quelques hectares de broussailles, je ne suis ni particulé, ni blasonné, ni décoré d'aucun ordre.

Eh bien, cher M. de Malglaive, suivons chacun notre voie, vous êtes riche, enrichissez vous encore par les moyens (si vous le pouvez) qui vous ont jusqu'à présent réussi, entassez fermes sur fermes, domaines sur domaines. Mais je vous le dis en vérité, alors même que vous seriez le possesseur de tout ce que des cimes de l'Atlas votre regard pourrait embrasser, je vous dominerais encore, *toujours, toujours*, de toute la hauteur de ma parfaite honorabilité.

J'avais envoyé à l'impression ce qui précède, lorsque rangeant de vieilles paperasses, le certificat ou plutôt la pétition suivante que je croyais depuis longtemps perdue, m'est tombé sous la main. Elle me fait trop d'honneur pour que je vous prive de sa lecture, qui vous fera connaître en quelle estime me tenaient les 97 signataires *tous propriétaires, hommes honnêtes et dignes de foi* parmi lesquels on remarque *d'anciens maires, adjoints, membres du couseil municipal, capitaines et officiers de la garde nationale* qui me reconnaissent comme le plus digne d'entr'eux; un nota était écrit en marge et signé par un ancien notaire, voici copie de cette pétition et du nota :

Loches (Aube), décembre 1851.

A *Monsieur le général Goyon.*

Monsieur le général,

Henri Lemoine, mécanicien dans notre commune, nous écrit que vous avez accueilli avec bienveillance l'exposé qu'il vous a fait de sa vie, des circonstances de sa détention et de ses causes, nous vous remercions, M. le général, de cet acte de justice envers l'homme que tous les honnêtes gens reconnaissent comme le plus digne d'entre eux.

Tous, nous avons la certitude que si le pouvoir n'avait pas été induit en erreur sur le compte de Lemoine, jamais il n'eut été enlevé à notre reconnaissance, à notre amour, à sa famille dont il est le seul soutien.

Monsieur le général, nous vous le déclarons, sur notre conscience d'hommes tous honorables et dignes de foi, Lemoine est l'homme le plus humain, le plus sensible, le plus paisible, le plus généreux, le plus dévoué.

A Londreville, il a exposé sa vie pour sauver celle d'un père de famille enseveli sous les décombres d'une maison, jamais on ne lui a demandé en vain un service quel qu'il fut dans les incendies, dans les calamités publiques, toujours il nous a donné l'exemple du dévouement.

Depuis 18 ans qu'il habite parmi nous, Lemoine a toujours été un modèle. Son amour de la justice, la supériorité de sou esprit lui ont valu les haines qui l'ont conduit aux casemates et qui voudraient le savoir à Cayenne.

Lemoine conservera à Loches les sympathies qui sont dues

à la générosité de son caractère, aux principes d'ordre, d'équité, de fraternité, qu'il a développés parmi nous.

Bons pères de familles, propriétaires d'une parfaite honorabilité, nous attestons que non-seulement sans danger mais que dans l'intérêt de la Société on peut, on doit rendre à la liberté un citoyen qui jamais n'aurait dû en être privé.

Ce certificat que nous nous empressons de vous adresser serait couvert d'un plus grand nombre de signatures si l'influence qui a causé l'arrestation de Lemoine ne pesait sur notre commune où on ose à peine exprimer sa pensée dans la crainte d'être en butte aux accusations qui ont fait de Lemoine une victime.

Veuillez agréer, etc., etc.

(Suivent 97 Signatures).

Nota. — Lemoine est vraiment recommandable par les qualités exprimées dans cette pétition.

Il l'est encore et surtout, par sa probité et son amour du travail et particulièrement pour ses inventions de pressoirs et de battage mécanique dont il a doté nos pays et pour lesquels il jouit d'un brevet d'invention, son absence de notre commune nuit au développement de ces machines économiques qui étant d'une grande utilité aux agriculteurs serviraient à rétablir les sacrifices de fortune qu'il a placé dans la certitude du succès de ses inventions.

BOUVIN, ancien notaire.

Un grand nombre de personnes aussi propriétaires et honorables regrettent de ne pouvoir signer faute de savoir le faire.

———

Contre le désir de mes braves et dignes concitoyens qui me l'avaient envoyée pour que je la présente au général de Goyon, j'ai gardé cette pétition sans la présenter, ne voulant devoir ma liberté à aucune démarche compromettant ma dignité.

Eh bien, M. de Malglaive, la lecture de cette pétition m'a suggéré une réflexion, je me suis demandé si 97 de vos concitoyens, tous honnêtes hommes et dignes de foi, s'empresseraient de vous reconnaître comme le plus humain, le plus juste, le plus dévoué d'entre eux ? et il m'est permis de douter que si, ce que malgré votre conduite indigne à mon égard, je suis loin de vous souhaiter, si demain vous étiez arrêté pour un cas comme le mien, je doute fort que dans toute votre clientèle, 97 citoyens, sans compter ceux qui regretteraient de ne pouvoir signer faute de savoir le faire, tous propriétaires, hommes honorables et dignes de foi, s'exposeraient à être aussi emprisonnés en réclamant votre liberté.

Cette pétition, si honorable pour moi, vous prouve que mes concitoyens avaient pour moi les sentiments les plus reconnaissants, les plus dévoués.

Je tiens chez moi, à la dispositiou de qui voudra s'assurer de la véracité de mes assertions, un exemplaire de votre circulaire et l'original de la pétition des habitants de Loches (Aube).

Marengo, le   Janvier 1881.

H. LEMOINE,

Mécanicien,

Fabricant de Tarrares ventilateurs à Marengo.

⸺⸻⸺

ALGER. — IMPRIMERIE V. PÉZÉ & C., RUE DE LA CASBAH, 4